AF226990

HISTOIRE DE MA VIE

HISTOIRE

DE MA VIE

PAR

LOUIS PÉRIER

ANCIEN INSPECTEUR ET VÉRIFICATEUR DES POIDS ET MESURES
DE LA HAUTE-VIENNE

AUTEUR DE PLUSIEURS OUVRAGES

DÉCORÉ DE LA MÉDAILLE DE SAINTE-HÉLÈNE

LIMOGES

IMPRIMERIE DE CHAPOULAUD FRÈRES

Rue Montant-Manigne, 7

—

1864

HISTOIRE DE MA VIE

Un octogénaire plantait.
Passe encor de bâtir, mais planter à cet âge!...

disaient au bon *vieillard* les *trois jouvenceaux*
de Jean de La Fontaine.

Et moi aussi je suis octogénaire ; mais je ne
plante plus d'arbres, je ne bâtis plus de
maisons : je me contente de planter mes choux
et de recueillir mes souvenirs. J'écris ma vie
pour ma famille, pour les quelques amis qui me
restent, ces vieux débris du xviiie siècle.
Puissent-ils trouver autant de plaisir à me lire
que j'en éprouve en traçant ces lignes, les
dernières que j'écrirai !

Je naquis à Limoges, en 1778, d'une famille
honnête et aisée. Par une coïncidence frap-
pante, j'eus pour instituteur le vénérable
ecclésiastique qui signa du nom de l'abbé
Dayma, à la sacristie de Saint-Pierre-du-
Queyroix, l'extrait de baptême de celui qui
devait être le vainqueur d'Isly.

Parvenu à l'âge où le jeune homme doit
choisir une profession, je me sentis du goût
pour l'industrie : je donnai la préférence à la
fabrication de la bijouterie ; mais bientôt, re-
connaissant combien l'art avait dégénéré en
Limousin depuis la crise révolutionnaire, je
vins à Paris à l'âge de dix-sept ans : c'était
en 1795. J'entrai dans une des premières
maisons de la capitale ; mais je dus en sortir
au bout de quelques années (en 1799) pour
acquitter le tribut que tout citoyen doit à sa
patrie.

Ainsi que je l'ai dit plus haut, la position de

ma famille lui permettait de me faire rem-
placer ; mais, à cette époque, la chose était
difficile : chacun payait de sa personne.
D'ailleurs je partageais l'enthousiasme général...
Il me semblait prévoir qu'un jour brillerait sur
ma poitrine la médaille des vieux soldats de
l'Empire.

Ce fut au mois de janvier, et par un froid
glacial, que les deux cent cinquante héros futurs
dont je faisais partie se dirigèrent sur Strasbourg
sous la conduite de leurs capitaines. Deux de
nos compagnons de route succombèrent dans
les premiers jours de ce pénible voyage ; nous
en enterrâmes deux autres à Nancy. Nous
arrivâmes enfin dans la capitale de l'Alsace.

Je me rendis chez le général Jourdan, notre
compatriote, qui commandait en chef. Il avait
pour aide de camp un autre Limousin, frère
de celui qui fut depuis le lieutenant général
Dalesme. Porteur de lettres de recommandation

pour cet excellent homme (1), je fus présenté par lui au général en chef, qui me fit un accueil des plus gracieux dès qu'il connut mon pays et mon nom. Il me demanda dans quel corps je voulais entrer. J'avais vu, la veille, défiler le 4ᵉ hussards sur la place d'armes, et la belle tenue, le riche costume de ce magnifique régiment, m'avaient séduit (2). Le général sourit à ma demande, et donna ordre à son aide de camp de m'accompagner chez le chef d'état-major, avec invitation de m'adresser au colonel, M. Merlin de Thionville. — « Vous êtes compatriote du général en chef? me dit avec bonté cet officier supérieur. — Oui, mon

(1) La maison qu'habitait, à Limoges, la famille Dalesme était voisine de celle de mes parents, et nous vivions dans une grande intimité.

(2) La veste était bleu clair comme le pantalon et chargée de broderies. Rien n'était entraînant comme ce beau régiment lorsque, lancé au galop sur des chevaux petits mais pleins de feu, le dolman rouge flottant au gré du vent, il simulait une charge à fond sur l'ennemi.

colonel, lui répondis-je d'un air vif et résolu qui le charma. — Eh bien, jeune homme, asseyez-vous un instant : nous allons passer ensemble chez le quartier-maître, qui vous incorporera immédiatement. »

Oùtre la lettre que j'avais remise à M. Dalesme, j'en avais d'autres pour divers officiers du régiment. Lorsqu'on sut que j'étais du même pays que le général en chef, il n'y eut sorte de politesses dont je ne fusse comblé. Cela dura pendant tout le temps que je restai à l'armée.

Il y aurait de l'ingratitude de ma part à ne pas dire ici quelques mots de la famille du premier aide de camp du général en chef (1), qui s'était montré si obligeant pour moi. M. Dalesme, qui prit fort tard sa retraite, et qui habita une maison sur l'emplacement de

(1) La famille Dalesme, une des plus anciennes de Limoges, s'est fait connaître honorablement dans l'imprimerie aussi bien que dans les armes.

laquelle a été édifié de nos jours l'établissement
des frères de la Doctrine-Chrétienne, était connu
sous le nom de capitaine Dalesme. Il était frère
du lieutenant général qui s'acquit une répu-
tation brillante en Italie. Après avoir reçu de
graves blessures à Castel-Nuovo, ce général fut
employé à l'intérieur. Commandant de l'île
d'Elbe en 1814, il reçut à Porto-Ferrajo
l'Empereur exilé, qui lui adressa ces mémo-
rables paroles : « Général, j'ai sacrifié mes
droits aux intérêts de ma patrie, et je me suis
réservé la propriété et la souveraineté de l'île
d'Elbe. Faites connaître aux habitants le choix
que j'ai fait de leur île pour mon séjour ; dites-
leur qu'ils seront toujours pour moi l'objet de
l'intérêt le plus vif ». En 1815, Napoléon lui
rendit le commandement de l'île, qu'il dut
remettre aux Anglais à la suite de la bataille
de Waterloo. Nommé, après la révolution de
1830, commandant des Invalides, il mourut
dans cet hôtel le 14 avril 1832, victime du
choléra. Qui eût dit qu'un jour l'Empereur et le

général Dalesme reposeraient sous le même toit avec deux de nos plus illustres compatriotes, Jourdan et Bugeaud?

J'avais vingt ans. La vie se présentait à moi sous un aspect riant : tout était couleur de rose. Une seule chose manquait à mon bonheur : je désirais faire campagne. Si je fusse resté au service, l'occasion ne m'eût pas fait défaut ; mais l'homme propose, et Dieu dispose.....

Le 4ᵉ hussards était en partie à Sarre-Louis, et j'appartenais à ce détachement, lorsque, dans une grande manœuvre, mon cheval s'abattit sous moi. Je fus renversé : vingt chevaux me passèrent sur le corps. J'eus une côte cassée ; les médecins désespéraient de mon salut : je pus néanmoins revenir quelque temps après à Limoges, où pendant un an je pris pour toute nourriture des potions très-peu substantielles. Enfin la force de ma constitution triompha, et je revins à la santé. Mais je dus quitter le service, et je restai dans mes foyers.

Bien des années ont passé sur ma tête, et cependant je ne me rappelle pas sans attendrissement les jeunes amis mes compagnons d'armes dont pendant trois ans je partageai et les fatigues et les plaisirs. — Je n'oublierai jamais le bon maréchal qui facilita mes débuts dans une carrière où j'aurais pu m'illustrer comme tant d'autres sans l'évènement fatal qui changea le cours de mes destinées. Aussi, lorsque fut décidée l'érection à Limoges d'une statue au vainqueur de Wattignies, de Fleurus, de La Roër et de tant d'autres combats qui rendront son nom immortel, je m'empressai de m'associer à la souscription ouverte à cet effet par une offrande digne de lui, et cependant faible témoignage de ma reconnaissance!

Le 30 septembre 1860 vit s'élever l'imposante statue sur la même place d'où s'était élancé

Jourdan vers nos frontières à la tête du bataillon
de volontaires de la Haute-Vienne. L'artiste (1)
a choisi le moment où le général de la république tire son sabre du fourreau en criant :
« En avant! » Lorsqu'on leva la toile qui
couvrait la statue, des cris unanimes de « vive
l'Empereur! gloire au maréchal Jourdan! »
sortirent de toutes les bouches. — Le préfet, le
général et le maire prononcèrent des discours
qui furent vivement applaudis.

Qu'on me pardonne cette digression, peut-
être trop longue dans cette courte biographie;
mais je devais cet hommage à des hommes qui,
à des degrés différents, ont honoré le pays où
j'ai reçu le jour.

Il est temps de revenir à ce qui me concerne.
Quelques mois après que j'eus obtenu mon
congé, je me mariai. Je repris mon ancien-état,

(1) M. Élias Robert, habile sculpteur de Paris.

et je formai une société avec le chef de la maison où j'avais reçu les premières notions de mon art ; mais bientôt, dégoûté d'une profession qui n'offre pas des avantages proportionnés aux dangers qu'elle fait courir, j'entrai dans l'administration en qualité de vérificateur des poids et mesures, poste que j'ai occupé longtemps, et, je ne crains pas de le dire, avec la conscience scrupuleuse d'un fonctionnaire honnête.

Cette observation rigoureuse de mes devoirs me valut bientôt l'adjonction du titre d'inspecteur.

Je sentis tout ce que ce nouveau titre m'imposait d'obligations : aussi je me livrai avec une nouvelle ardeur au travail, et, en 1842, je publiai un *Mémoire sur la vérification des poids et mesures et les moyens de l'appliquer.*

J'adressai ce Mémoire à S. M. Louis-

Philippe Ier, et l'accusé de réception ne se fit
pas attendre :

> « Neuilly, le 10 juillet 1842.

> » MONSIEUR,

> » Vous avez fait hommage au Roi de votre Mémoire sur la vérification des poids et mesures.

> » Cet *utile travail* a été mis sous les yeux de Sa Majesté, qui m'a chargé, Monsieur, de vous remercier de votre attention.

> » Agréez, Monsieur, l'assurance de ma considération distinguée.

> » *Le Secrétaire du cabinet,*
> » CAMILLE FAIN. »

Cet accueil si honorable du chef de l'État me
décida à adresser aussi mon livre à Son Exc. le
ministre des affaires étrangères, qui s'empressa
de me faire connaître dans les termes suivants
que l'ouvrage lui était parvenu :

« Paris, le 20 janvier 1847.

» A M. Périer, vérificateur-inspecteur des poids
et mesures, à Limoges.

» MONSIEUR,

» J'ai reçu l'exemplaire que vous m'avez fait
l'honneur de m'adresser de votre Mémoire sur
les poids et mesures. Je m'empresse de vous re-
mercier de cet envoi.

» Recevez, Monsieur, l'assurance de ma
considération distinguée.

» GUIZOT. »

Cette lettre *autographe* d'un ministre l'un
des membres les plus illustres de l'Académie
française flatta singulièrement mon amour-
propre.

Le **20** novembre **1842**, je publiai un *Rapport
sur l'état du système métrique.* Je l'adressai à Sa

Majesté, aux ministres et à tous les préfets du royaume.

Plusieurs journaux de Paris en ont parlé favorablement, notamment *la France administrative, gazette des bureaux*, dans son n" du 8 mai 1843.

A la fin de 1847, parvenu à l'âge de soixante-neuf ans, j'adressai au chef de l'administration départementale la lettre suivante :

« Limoges, 20 décembre 1847.

» Monsieur le Préfet,

» J'ai l'honneur de vous exposer que l'âge et les infirmités m'avertissent que le moment est venu pour moi de quitter une carrière où peut-être je laisserai quelques honorables souvenirs ; mais, en me séparant de l'administration des poids et mesures, dont je suivrai toujours les progrès avec intérêt, une consolation me reste : le Mémoire sur les poids et mesures dont j'ai eu l'honneur de vous faire hommage, et qui a été accueilli avec bienveillance par Sa Majesté et par un grand nombre d'hommes haut placés, a été déposé à la Bibliothèque royale et dans plusieurs bibliothèques des départements.

» Ce Mémoire un jour fera connaître à nos neveux que, lorsque j'écrivais, vous administriez avec autant de sagesse que d'habileté le département de la Haute-Vienne.

» L. PÉRIER. »

Je ne tardai guère à recevoir la liquidation de ma pension de retraite.

Cependant, accoutumé à une grande activité, je résolus de ne pas me livrer à une vie entièrement oisive : je voulus faire profiter mes concitoyens d'une expérience longuement acquise.

En 1850, je fis paraître un autre ouvrage,

intitulé : *Exposé sur la répartition de l'impôt direct*. Je l'adressai à M. le préfet avec le Rapport que je viens de citer.

L'accusé de réception ne se fit pas attendre ; il était ainsi conçu :

« Limoges, le 17 août 1852.

» A M. Périer, ancien vérificateur et inspecteur des poids et mesures, à Limoges.

» MONSIEUR,

» J'ai lu avec intérêt votre *Exposé sur la répartition de l'impôt direct*, dont vous avez bien voulu m'adresser un exemplaire. J'y ai remarqué le résultat d'un travail soutenu et consciencieux, dont je me plais à vous féliciter.

» Votre *Rapport sur les poids et mesures* n'est pas moins remarquable. Votre longue expérience

a jeté dans cet aperçu des lumières qui le rendent
fort intéressant et fort utile.

» Veuillez agréer, Monsieur, l'assurance de
ma considération très-distinguée.

» *Le Préfet*,

» S. MIGNERET. »

Lorsque, en 1857, Napoléon III conçut l'heureuse idée de créer la médaille de Sainte-
Hélène, en ma qualité de vétéran du premier
Empire, je reçus cette marque d'honneur, qui,
depuis cette époque, ne m'a pas quitté un
instant.

Inspiré par la reconnaissance d'une si haute
faveur, je formai le dessein de faire célébrer une
messe solennelle pour le repos de l'âme du
héros immortel qui avait été notre général en
chef avant d'être appelé à l'Empire.

Je communiquai mon projet a mes anciens frères d'armes, qui l'approuvèrent unanimement, et me déférèrent l'honneur de le mettre à exécution.

En conséquence, je rédigeai la circulaire suivante :

« Limoges, 21 avril 1858.

» A Messieurs les Soldats du premier Empire en résidence à Limoges, brevetés et décorés de la médaille de Sainte-Hélène.

» MONSIEUR,

» Un grand nombre de MM. les Vétérans du premier Empire désireraient faire dire une messe à la cathédrale de Limoges, le 5 mai prochain, en l'honneur de l'immortel Napoléon Ier, décédé à l'île de Sainte-Hélène le 5 mai 1821.

» Si vous avez, Monsieur, l'intention d'assister à cette messe, vous êtes invité à venir à une

réunion qui aura lieu à ce sujet dans la salle de
la Société Littéraire, rue Banc-Léger, le 2 mai
prochain, à 6 heures du matin.

» Les Militaires de Limoges décorés de la médaille de Sainte-Hélène sont invités à se trouver
mercredi prochain, 5 mai, à 9 heures précises du
matin, dans la salle de la Société Littéraire, rue
Banc-Léger, pour se rendre de là à l'église Saint-
Étienne, où aura lieu le service funèbre pour
le repos de l'âme du Martyr de Sainte-Hélène.

» L. PÉRIER,

» Membre de la Commission. »

Glorieux de la mission qui m'était conférée,
ie mis tout en œuvre pour la remplir dignement
et à la satisfaction générale ; mais jamais on ne
se figurera les obstacles que je rencontrai. Il
fallut obtenir l'autorisation du Préfet, du Maire,
de Monseigneur l'Évêque. Je dus enfin me con-
certer avec le Curé de la paroisse pour donner à
la cérémonie tout l'éclat qu'elle comportait.

Malgré le désintéressement dont firent preuve tous les prêtres qui assistèrent, et qui refusèrent leurs droits, les frais accessoires furent cependant considérables ; et, si j'eus les honneurs de la journée, je sus ce qu'ils coûtèrent.

Le Vingt-Décembre rendit compte, dans son n° du 6 mai 1858, de cette fête de famille, dont le souvenir passera ainsi à la postérité.

Au récit du journal j'ajouterai seulement que la messe fut chantée par M. le chanoine Boyer, décoré de la médaille de Sainte-Hélène, et que le lieutenant général Cousin de Montauban, commandant la 21° division militaire, présida à la cérémonie.

A peine le noble guerrier avait-il répandu l'eau bénite sur le catafalque que par trois fois il fit retentir les voûtes de l'antique monument du cri de *Vive l'Empereur !* qui fut répété par des

milliers de voix avec un entraînement indescrip-
tible.

L'effet que produisit en ville l'annonce de
cette messe fut électrique. Aussi la foule se
pressait-elle dans les plus petits recoins du vaste
édifice. Les vétérans y figuraient au nombre de
trois cent quinze : ils auraient pu au besoin
former une petite armée, car tous les grades y
étaient représentés.

Combien de ces braves, depuis une époque si
peu éloignée, ont payé leur tribut à la mort! le
nombre en est effrayant. Le nom de presque tous
se rencontre sous ma plume, et cependant je ne
parlerai que d'un seul, et parce qu'il fut un des
plus illustres, et parce qu'il est un de ceux avec
lesquels j'ai entretenu les plus douces relations.

Le lieutenant général Félix Talandier, notre
compatriote, après une vie militaire des mieux
remplies, fut nommé au commandement de la

Corse, où, par sa fermeté, son esprit conci-
liant, sa connaissance des hommes et des
choses, il rendit d'éminents services que le chef
de l'État se plut à reconnaître. Mais l'instant du
repos était arrivé pour lui ; sa vue s'affaiblissait.
Il se retira alors dans son pays, où, confiné
dans sa charmante habitation de La Fondalie,
aux portes de Limoges, près de mon ermitage
de Chinchauveau, il menait une vie calme et
heureuse dans la société de quelques amis dont
je m'honorais de faire partie. Sa bienfaisance et
sa générosité étaient connues des malheureux
des environs. Tous le pleurèrent, et l'accompa-
gnèrent à sa dernière demeure le 7 avril 1859.

Beaucoup plus jeune que moi, il m'a précédé
dans la tombe au moment où il allait jouir d'un
repos si chèrement acheté. — Mais Dieu l'a
voulu ainsi !

Le lendemain de la cérémonie, j'envoyai à
M. le général Cousin de Montauban un *Tableau*

*de tous les vétérans du premier Empire existant
encore à Limoges.*

M. de Montauban, qui depuis commanda
l'expédition de Chine, sitôt et si brillamment
achevée, me fit l'honneur de me répondre la
lettre suivante :

« Limoges, le 25 mai 1858.

» A M. Périer, vérificateur et inspecteur des
poids et mesures.

» MONSIEUR,

» J'ai l'honneur de vous accuser réception du
tableau que vous m'avez envoyé contenant les
noms de tous nos anciens camarades de Limoges
les braves médaillés de Sainte-Hélène.

» Je vous remercie, Monsieur, de cet envoi et

d'un travail qui atteste l'excellent esprit dont vous êtes animé.

» Recevez, Monsieur, l'assurance de mes sentiments distingués.

» *Le Général de division commandant la 24ᵉ division militaire,*

» C. MONTAUBAN. »

Lorsque mes camarades apprirent que j'avais reçu cette lettre, si honorable pour les vétérans du premier Empire, ils furent vivement émus. Aussi éprouvâmes-nous un grand regret à la nouvelle du départ de M. de Montauban pour la Chine. Toutefois cette marque de confiance de l'Empereur dans les talents et le courage du général que nous aimions allégea notre douleur, et il ne nous resta plus qu'un souhait à former, ce fut que, après la victoire (1),

(1) La première moitié de nos espérances a été héroïquement justifiée : nous attendons la réalisation de la seconde.

l'illustre commandant de l'expédition vînt à Limoges recevoir les hommages sincères de ceux qu'il avait si dignement appréciés, et répéter avec eux : *Vive l'Empereur !*

Lors du voyage de la reine d'Angleterre en France, en août 1855, j'eus l'honneur d'offrir à cette princesse un tableau représentant Leurs Majestés Napoléon Ier et Napoléon III, ainsi qu'une brochure intitulée : *A Messieurs les Commissaires des produits de l'industrie française pour 1855*. Cinquante membres du Sénat, vingt députés au Corps législatif, vingt membres du Conseil d'État, MM. les Ministres, M. le Président et soixante membres du jury pour l'examen et l'admission des ouvrages d'art à l'exposition universelle à Paris reçurent également ma brochure.

En 1857, je confiai à l'habile crayon d'un des

artistes les plus distingués de la capitale l'exécution de trois tableaux importants (1).

Le premier de ces tableaux, de la dimension d'un mètre carré, reproduit le système métrique des poids et mesures en France.

Dans le second, on voit Sa Majesté Eugénie-Marie de Guzman, comtesse de Théba, impératrice des Français, et, en regard, Sa Majesté Victoria, reine d'Angleterre.

Dans le troisième, d'un mètre soixante centimètres de hauteur, figurent Napoléon Ier et Napoléon III.

Je plaçai ces trois tableaux aux archives de la préfecture, et je reçus du docte écrivain aux soins duquel est remis ce précieux dépôt la lettre suivante :

(1) M. Tripon, alors lithographe à Limoges.

« A monsieur Périer, vérificateur et inspecteur des poids et mesures.

» Limoges, 22 septembre 1857.

» MONSIEUR,

» J'ai mis sous les yeux de la Commission du Conseil général les différentes pièces, réunies dans un cylindre de carton, que vous avez bien voulu m'adresser pour être conservées aux archives. Les membres du Conseil qui les ont visitées ont examiné avec un vif intérêt les dessins et le texte, et m'ont chargé de vous exprimer combien ils ont admiré votre patriotisme.

» J'ai l'honneur de vous saluer avec un parfait dévoûment.

» *L'Archiviste du département*,

» MAURICE ARDANT. »

Les divers ouvrages que j'ai publiés ces trente dernières années m'ont mis en relation avec les hommes les plus marquants de la France, même avec Sa Sainteté Pie IX, qui a sans doute accueilli mes œuvres avec la touchante bonté qui lui est naturelle.

Souverains, ministres, sénateurs, députés, généraux, prélats, hommes d'État, m'ont adressé leurs félicitations. Leurs lettres, je les ai toutes conservées avec soin, et je me plais à relire souvent celle que me fit écrire, le 24 février 1845, Monseigneur Denis-Auguste Affre, l'illustre Archevêque de Paris qui, trois ans plus tard, devait tomber expirant sur les barricades en portant des paroles de paix aux malheureux égarés par les passions politiques.

Cette lettre était ainsi conçue :

« Archevêché de Paris.

» Paris, 24 février 1845.

» Monsieur,

» Monseigneur l'Archevêque a été très-sensible
à l'hommage que vous avez bien voulu lui faire
du portrait du respectable ecclésiastique qui vous
a élevé, et qui a baptisé M. le Maréchal duc
d'Isly.

» Il me charge de vous en témoigner sa reconnaissance.

» J'ai l'honneur d'être, Monsieur, votre très-
humble et très-obéissant serviteur,

» ÉGLÉE,
» *Vicaire général.* »

Aujourd'hui, grâce à la sagesse du grand monarque qui préside aux destinées de la France, nous jouissons, après tant d'orages, d'une paix que nul n'oserait vainement troubler. Arrivé à un âge qu'il est donné à peu d'hommes d'atteindre, je me délasse agréablement de mes longs travaux en retraçant ces quelques épisodes d'une vie consacrée tout entière au service de mon pays.

APPENDICE.

———

Lorsque parut le décret qui créa la médaille de Sainte-Hélène, j'adressai la lettre suivante à M. le comte de Coëtlogon, alors préfet de la Haute-Vienne :

« Monsieur le Préfet,

» Les journaux nous ont appris que vous allez être chargé sous peu de distribuer à Limoges la médaille de Sainte-Hélène aux anciens militaires de l'Empire.

» Vous avez, Monsieur le Préfet, une occasion bien favorable aujourd'hui à Limoges d'imiter la cérémonie qui s'est faite le 7 de ce mois à

Fontainebleau. Il se trouve actuellement dans notre ville un général de l'Empire, un sénateur (M. le général de Montréal), un évêque, etc., etc.

» Si cette cérémonie en l'honneur du Martyr de Sainte-Hélène avait lieu à Limoges, elle procurerait, j'en suis sûr d'avance, un grande joie aux soldats vétérans de l'Empire qui y assisteraient.

» J'ai l'honneur d'être, Monsieur le Préfet, votre très-humble et très-obéissant serviteur.

» L. PÉRIER,

» Ancien vérificateur et inspecteur des poids et mesures à Limoges, soldat de l'Empire à l'ancien 4ᵉ hussards, brave régiment qui fut au-devant de l'Empereur lorsqu'il quitta l'île d'Elbe pour revenir à Paris le 20 mars 1815. »

EXTRAIT

DU JOURNAL *LA PATRIE*

DU 10 NOVEMBRE 1857.

« Les anciens militaires du premier Empire qui habitent Fontainebleau, au nombre de cent soixante environ, après avoir reçu la médaille de Sainte-Hélène, se sont cotisés pour faire les frais de la célébration d'une messe funèbre pour le repos de l'âme du grand homme qui, sur son rocher, leur avait donné sa dernière pensée.

» Monseigneur l'évêque de Meaux, dans une lettre qui a été lue publiquement, avait bien voulu autoriser le chant, après la cérémonie funèbre, d'un *Te Deum*, expression de gratitude des anciens militaires envers Dieu, qui avait inspiré à Napoléon III l'excellente idée réalisée par décret du 12 août 1857. L'office célébré samedi 7 novembre par M. l'archiprêtre curé

Charpentier, assisté de ses quatre vicaires, a été suivi de la prière pour l'Empereur.

» M. le général sénateur Husson, décoré de la médaille, le général commandant militaire du château, M. le sous-préfet, les deux adjoints en l'absence du maire, M. le colonel commandant les chasseurs à cheval de la garde, un chef d'escadrons et plusieurs officiers du même régiment, M. le sous-intendant militaire, une députation des officiers, sous-officiers et soldats des grenadiers de la garde en garnison, assistaient à cette touchante cérémonie, qui avait été provoquée par MM. Roncy, de l'ancien 25ᵉ léger, et Fontaine, de l'ancien 5ᵉ hussards. La musique des chasseurs de la garde accompagnait les chants de l'église.

» Avant la cérémonie, M. le sénateur général Husson, de concert avec M. le préfet de Seine-et-Marne, a proposé, à l'hôtel de la sous-préfecture, où on s'était réuni, la fondation d'une caisse de secours en faveur des médaillés du département. Cette proposition a été accueillie avec *empressement*. »

J'avais lieu de compter que mon appel serait entendu, et que mes camarades du premier Empire et moi nous serions convoqués à la cérémonie du 15 août 1859. Les choses ne se passèrent pas ainsi. Ce fut alors que, saisi d'une sainte indignation, je fis connaître ce qui avait eu lieu à cette occasion dans la ville des capitouls :

« Jamais, dit *l'Aigle* de Toulouse, la fête du 15 août n'avait été célébrée à Toulouse avec plus d'ordre, plus d'ensemble et d'éclat que cette année. Jamais la population n'avait pris part d'une manière plus complète ni avec plus d'entrain à cet anniversaire national.

» M. le préfet avait eu l'heureuse pensée de choisir cette occasion pour faire la distribution solennelle des médailles de Sainte-Hélène aux anciens militaires de la République et de l'Empire. Cette cérémonie a eu lieu samedi sur l'avenue Louis-Napoléon avec la plus grande solennité.

» Elle a été précédée d'une grande revue

passée par M. le général comte Féray, commandant la 12ᵉ division militaire, accompagné d'un
nombreux état-major.

» Après la revue, M. le général Féray a fait
former un grand carré, au centre duquel se sont
rangés les militaires de la garnison qui avaient
à recevoir des décorations ou des brevets de pro-
motion, ainsi que les anciens militaires de
l'Empire auxquels allait être remise la médaille
de Sainte-Hélène.

» M. le préfet s'est approché de ces vieux
braves, et leur a adressé l'allocution suivante,
éloquente expression des pensées et des sentiments de tous ceux qui l'écoutaient :

« MESSIEURS,

» M. le général commandant la division a
» bien voulu nous associer à une solennité toute
» militaire, afin que les vétérans de nos grandes
» guerres pussent recevoir le dernier souvenir de
» leur ancien *Capitaine*, en face de cette aigle

» impériale qui les conduisait en triomphateurs
» à travers le monde.

» Ce n'est pas seulement un sentiment de
» courtoisie qui a inspiré cette fête des deux
» armées !

» Votre présence à côté des soldats d'Afrique et
» de Crimée proclame qu'entre l'armée de
» Napoléon Ier et l'armée de Napoléon III il y a
» la solidarité de l'honneur, l'émulation du
» dévoûment et le culte de la fidélité à la
» dynastie impériale. A Austerlitz, comme à
» Sébastopol, on courait à la victoire au cri de
» *Vive l'Empereur !*

» L'ancienne armée avait conquis la gloire des
» batailles, et reculé les frontières de la France !

» La nouvelle a conquis la gloire de la paix,
» et a prodigué son sang pour étendre à l'infini
» l'autorité de la civilisation !

» Que l'ennemi se montre au dehors ou au

» dedans, les deux armées n'ont qu'un seul cœur
» et forment un seul rang, prêtes à mourir pour
» la France, pour l'Empereur qu'elle a élu,
» pour le Prince héritier du trône que la Pro-
» vidence a béni.

» Venez donc, glorieux soldats de nos vieilles
» phalanges, venez recevoir l'image de votre
» Empereur gravée sur le bronze que vous avez
» rapporté du champ d'honneur; laissez-moi
» attacher sur vos poitrines trouées par le feu
» ennemi cette médaille de Sainte-Hélène qui
» redira aux générations futures vos combats
» immortels, votre bravoure, votre fidélité et la
» dernière pensée du grand homme !

» *Vive l'Empereur ! Vive le Prince impérial !* »

» Une salve d'acclamations et des cris enthou-
siastes de *Vive l'Empereur ! Vive le Prince impérial !*
ont accueilli ces paroles énergiques. »

Il faut voir encore, dans le *Moniteur* du 31 août,
le beau discours de Son Exc. M. le maréchal

Magnan, discours prononcé le 15 août à la suite
d'un banquet donné en l'honneur de Napoléon Ier,
de Napoléon III et des médaillés de Sainte-
Hélène (au nombre de 150).

A la fête suivante, nous fûmes convoqués, et il
en a été de même depuis à toutes les cérémonies
publiques.

A qui les vétérans du premier Empire doivent-
ils cet honneur si ce n'est à moi qui, seul des
350 membres qui existaient encore en 1860, ai
fait valoir leurs droits, hélas! bien mérités?
Aussi ces vieux braves m'appellent-ils leur père.
Je ne les ai pas oubliés dans la distribution des
ouvrages que j'ai publiés, et qui les concernent
en grande partie. Ils savent que, par moi, tous
les ans au 15 août, ils ont leur place marquée
dans le chœur de la cathédrale, d'où ils sortent
en corps pour aller fraterniser dans un banquet
aux cris de *Vive l'Empereur !*

Malheureusement nos rangs s'éclaircissent
chaque jour. Bientôt il ne restera rien de ces

vaillants vétérans de Marengo et d'Austerlitz; ils seront allés rejoindre leurs aînés de Fontenoy et de Raucoux : mon livre seul rappellera à leurs descendants ce que furent leurs ancêtres; et, si jamais la patrie réclamait le secours de leurs bras, ils accourraient en foule, se rappelant cette belle devise : *Noblesse oblige !*

LIMOGES. — IMPRIMERIE DE CHAPOULAUD FRÈRES,
Rue Montant-Manigne , 7.